21 Tage Oktober

Pia Schlesinger

BookLeaf Publishing

India | USA | UK

Presentation by *BookLeaf Publishing*

Web: www.bookleafpub.com

E-mail: info@bookleafpub.com

ISBN: 978-93-5744-997-7

First edition 2022

DEDICATION

Für mich.

ACKNOWLEDGEMENT

Danke an alle, die mir während dem Arbeitsprozess geholfen, mich unterstützt und an mich geglaubt haben.

21 Tage Oktober

Ich schreibe dies hier alles nieder,
An 21 Tagen im Oktober.
Wieder und wieder mach' ich mich jeden Tag daran,
Meine Gedanken und Gefühle zu entwirren,
So dass ich diese zu Papier bringen kann.
Draußen vor meinem Fenster
Färben sich langsam die Blätter ein,
In tiefstes Rot und warmes Gold,
Verhelfen dem Herbst zu seinem besonderen Schein;
Eine Momentaufnahme
Von vergänglicher Schönheit
Vor dem unausweichlichen Verfall.

So will auch ich
Die Blätter auf denen ich schreibe
In die schönsten Farben hüllen,
Mit Leben und mit Anmut füllen.
Und meinen Abdruck
In der Welt hinterlassen.
Auch ich werde irgendwann vergehen,
Doch will zuvor in meinen Worten
Ein Abbild meiner inneren Farben sehen.
Eine Momentaufnahme
Meines Lebens.

Leere

Leere
Ist unersättlich.
Versucht stets
Das Vakuum zu füllen,
Die Begierde zu stillen,
Den Krater ihrer selbst
Auszukleiden mit allem was ist,
Sei es Freude oder Trauer,
Liebe oder Schmerz.
Sie bahnt sich ihren Weg
Unaufhaltsam, unausweichlich,
Verschlingt all das,
Was sie für den kleinsten Moment
Zu greifen vermag.
Alles für den Versuch
Sich eigens in Existenz zu setzen
Durch fremde Gefühle,
Voller Gedanken
An das Wunder des Seins.
Und so erschafft sie sich selbst
Aus leerer Hoffnung,
Aus verzweifelter Sehnsucht.
Ein Leben
Im eigenen Paradoxon,
Verdammt zu der ewigen Suche
Sich mit Existenz zu füllen
Und das eigene Wesen
In das Nichts zu verbannen,
Wo die Leere entsprang.

Die Bedeutung meiner Worte

Warum schreibe ich?
Was hab' ich denn zu sagen?
Was habe ich denn beizutragen
In dieser Welt?
Nichts von Bedeutung,
Wie mir meistens scheint.

Ich weiß nicht, was ich sagen soll.
Existiert überhaupt ein Sinn
Darin, dass ich dies schreibe?
Dass ich immer noch bei der Hoffnung verbleibe,
meine Worte mögen etwas bewirken?
Ich will Bedeutung in meine Worte legen.
doch worüber könnte ich je reden,
dass es nicht schon gibt in dieser Welt?

Das Einzige, das ich vielleicht noch bieten kann,
Ist der Versuch, von mir selbst zu erzählen.
Was mich beschäftigt und bewegt,
In der Hoffnung, dass ein Teil meines Ichs
Mich überlebt.
Und dass dabei eine Chance entsteht,
Dass dieser Teil für sich
Fortan in der Welt besteht.

A Simple Bug

From time to time, I can't help but wonder
About myself and my space
And my life, so somber,
In this universe that I call home.
And when I do, I can't help but feel
That I am nothing but a simple bug,
Insignificant and without much appeal
To this world through which I slowly crawl away.
My thoughts themselves feel not just small, but tiny.
And should I dare to dream of something more,
Envisioning that I could have a meaning, then why me,
If I am still no greater, than a simple bug.
My silent cries do they even matter more
Than the tiny beats of butterfly wings, and even if so,
Can I truly know, what I have been yearning for
When everything around appears so dark and empty?
I am no more than a moth following the strangest light,
A spider weaving its web as an eternal circle,
A stag bowing its horns before an impossible fight,
Nothing but the smallest ant, searching for significance.
Now this world is vast and cold,
But should I survive, despite the odds
And even should my soul grow old
Will I ever be of more to existence
Than a simple bug?

Alleinsein

Eine Kunst für sich.
Sie zu meistern
Ein Triumph.

Die größte Herausforderung.
Sie zu besiegen
Das größte Glück.

Das Fundament
Für ein gutes Leben
Im Frieden
Mit sich selbst.

Nachtluft

Es ist kalt.
In meinem Zimmer ebenso wie draußen.
Das Fenster stand zu lange offen.
Ich vergaß es zu schließen
Als die Dunkelheit kam.
Nun ist die Nacht im Raum.
Sie hat ihren eisigen Wind gebracht,
Mir ein betäubendes Geschenk gemacht,
Während sie meine Gedanken stahl.
Eben war noch alles da.
Aber ich habe mich verloren.
In der unendlichen Weite
Meines Bewusstseins schwebend
Versuche ich dennoch meine Hand zu heben,
Mich zu strecken nach der Ferne,
Wo ich sie funkeln sehe wie die Sterne
Dort im Dunkeln meines Selbst,
Tief aus ihrem Innersten erhellt,
meine verlorenen Gedanken.
Auf dass ich sie hier wieder finde,
Neu verstricke und verspinne,
Gedanken an Gedanken binde,
Um neu zu weben was die Nacht mir nahm,
Das Netz von neuem auszubreiten,
Auf dass die Nachtluft durch die Fäden gleite,
So die Konstrukte meines Denkens
Als meine Gabe aufbereite
Und wieder in die Ferne treibe.

Gedanken in Reue

Es tut mir leid.
Ich wünschte, ich wäre stark.
Ich weiß, es ist nicht einfach,
Zu leben,
Wenn das Leben dich nicht mag.
Ich weiß,
Du willst lediglich
Etwas Ruhe und Frieden.
Ich weiß,
Es ist nicht einfach,
Das Leben zu lieben.
Und ich weiß,
Ich sollte helfen.
Ich wollte helfen.
Und doch kann ich nicht.
Und dafür schäme ich mich,
Tag für Tag.
Ich wünschte doch nur,
Ich wäre stark.
Dann könnte ich auch stark sein
Für dich.

Silence

The sound I find
The hardest to stand
Is silence.
Because your mind can fill it
With whatever it wants.
My mind
Wants pain
And loneliness,
I guess.

It fills the silence
With thoughts
That others might have
Of me.
Maybe
They don't truly want
To spend time with me.
Maybe
They just do it
Because they feel bad for me.
And I fear
That they will all abandon me.

I'm just too scared
That the silence
Might never go away.
That the silence
Might stay.
Because my mind
Is never kind

To me.
At least not
When the world
Is silent.

Wärme

Wonach strebt der Mensch?
Was ist es, was sein Herz begehrt?
Ich denke, es ist Wärme.
Das ist es, wonach ich mich am meisten sehne.

Sich an den Arm eines Anderen lehnen.
Ein guter Whiskey, der deine Kehle runterfließt.
Sich abends erschöpft im Bett ausdehnen.
Wenn dir jemand so wichtig ist, dass du für ihn Tränen
vergießt.
Einem Anderen wirklich nahestehen.
Ein Lied, das dir ein entferntes Gefühl der Kindheit
wiederbringt.
Schönheit im eigenen Spiegelbild sehen.
Ein Film so berührend, dass er deine Seele durchdringt.
Das Gefühl, von jemandem gehalten zu werden.
Die letzten warmen Sonnenstrahlen am ersten kalten
Wintertag.
Das Wissen, man muss nichts von sich verbergen.
Wenn man einem guten Freund zu helfen vermag.

Ich will meine Tage mit Wärme füllen.
Will meine eigene Wärme teilen.
Will mit ihr nicht alleine bleiben.
Will die Wärme in meinem Leben
Mit den Menschen, die ich liebe, zusammen erleben.

Gerechtigkeit

Wenn es eine Sache gibt,
Die ich über diese Welt gelernt habe,
Dann ist das,
Dass sie ungerecht ist.
Das Leben
Ist ungerecht.
Es gibt kein Karma,
Keine guten Energien,
Durch die all das Schlechte
Irgendwann wieder gut wird.
Es gibt nur Menschen.
Und die Entscheidungen,
Die sie treffen.
Es gibt keine Kosmische Gerechtigkeit.
Es liegt an uns.
Tag für Tag,
Begegnung für Begegnung,
Entscheidung für Entscheidung,
liegt es an uns.
Jedes Mal aufs Neue
Müssen wir handeln,
Wie wir es für richtig halten,
Wie wir es für gut halten.
Es gibt keine Gerechtigkeit,
Wenn wir sie nicht selbst erschaffen.
Das ist das Harte daran,
Mensch zu sein.
Wir müssen uns
Unsere eigene Gerechtigkeit machen.

Her

I wanted to be beautiful
Like her.
I wanted to be heard
And listened to
Like her.
I wanted to be seen
Like her.
Why does it seem
That people never love me
Like her?

I wanted to live my life
Like her.
I wanted my laugh
To sound like hers.
I wanted my outfits
To fit me and look pretty
Like they do on her.
I wanted to be smart,
Intelligent and interesting
Like her.
I wanted to make impressions
On others like she does.

But what is it
That I want now?
I just want to be loved
Without having to be
Like her.

Universum

Ich glaube,
Es ist genug,
Zu existieren.
Meine Existenz
Erschafft Bewusstsein.
Ein lebendig gewordenes Bruchstück
Des Universums,
Dass sich seiner selbst
In sich bewusst ist.
Eine Bestimmung.
Ich existiere,
Ich erfülle das Universum
Mit Leben.
Ich bin hier.
Ich existiere.
Ich bin Teil des Ganzen,
Der Weiten,
Teil des Universums.
Das ist genug.

Vergebung

Zu Vergeben bedeutet
Seine Schmerzen zu entlassen,
Große Stücke alter Lasten
Zu Grunde fallen lassen,
Seinen Frieden
Mit der Vergangenheit zu schließen.
Ich habe oft vergeben,
Und auch wenn manche Narben noch manchmal
schmerzen,
Ich habe gelernt, damit zu leben.
Aber ich musste dafür verstehen,
Wieso solch Dinge geschehen sind,
Ich musste den Schmerzen Bedeutung geben,
Um sie mit gutem Gewissen abzulegen.
Doch bei dir wollte mir das noch nicht gelingen,
Ich bin immer noch dabei
Nach Erklärungen zu ringen.
Wieso?
Konntest du nicht verstehen,
dass du mir weh tust?
Ich will dir wirklich verzeihen,
Mich selbst von dieser Last befreien.
Und ich glaube daran,
dass ich es eines Tages schaffen kann,
Auch wenn ich vielleicht nie die Gründe begreife,
Eines Tages lege ich diesen Schmerz beiseite.
Doch bis dahin hoffe ich,
Dass man mir verzeihen kann,
Dass ich dir noch nicht vergeben kann.

Hygge

Home.
It's people.
It's always people.
The closeness.
The intimacy.
It's the home you share.

Begegnungen

Wie wunderbar es doch ist,
Dass jeder Mensch,
Der uns auf einem Wegstück
Unseres Lebens begleitet,
Seinen eigenen Abdruck hinterlässt,
Der unseren Weg zu dem formt;
Was ihn letztendlich
Zu dem wertvollen Unikat
Unseres Ichs werden lässt;
Unserem Wesen,
Geschaffen aus Wegstücken.
Und keine Begegnung
Bedeutungslos.

About getting better

Now I know
Because I have felt
That it can be better.

It´s a process
But you will get there
Piece by piece.
You just have to keep on trying
Until you get hit by
That little bit of luck,
The last piece you still need
To finish off your peace.
And it still isn't easy
But you have to keep on searching
For your bit of luck.
And the journey won't be easy
But if you manage to keep trying
It will all be worth it
In the end
When you have found
Your luck.

And one day
The timing will be right
To see your chance
And seize it
And seal away
Your luck.

Past Times

It was nice while it lasted, right?

Sitting under all those lamps,
Glistening in the dark like stars,
In the evening when everybody else
Had already abandoned the place.

Beautiful drawings
And poems
Made by beautiful minds.
Significance hidden
Behind those simple lines.

Naps in the park,
Talks about the universe.
That warm feeling
Of finding someone who understands.

Walks through the city
With a happy dog by our sides.
And nightly car rides
To sing those songs we love
Just as loud as we can.

Sharing beanies and sweaters
When the weather got cold.
Just staying at home
And cutting our hair
With a pair of scissors that's way too old.

So many long nights
Filled with the most stupid ideas.

And so much laughter and smoke
Until all our voices broke.

But I know it does no good
To dwell
On the past and
Well,
It was nice while it lasted.

Spiegelbild

Hallo, du.
Hallo, ich?
Ich erkenne mich nicht.

Ihr urteilt über mich.
Ihr erzählt mir
Wie ich aussehe,
Wer ich bin.
Ihr denkt,
Ihr habt mich durschaut.
Und ich hab′ euch geglaubt.
Ich habe mich
Nach euren Worten gerichtet.
Habe euch über mich richten lassen.
Ich habe euer Urteil genommen
Und damit begonnen,
Mich selbst zu verurteilen.

Und ihr habt gewonnen.
Wenn ich jetzt in den Spiegel schau,
Was sehe ich dann?
Meine Hoffnung, meine Ängste?
Eure Wahrheit, eure Lügen?
Ich weiß ja nicht mal mehr,
Ob meine eigenen Augen mich trügen.
Und dabei wünsch′ ich mir so sehr,
Dass ich in meinem Spiegelbild
Mich selbst erkennen kann.

Forget-me-not

The house has become loud.
Filled with chatter
And laughter
Of others
That do not need me
And do not think of me.

It seems so easy
To forget about me
And that's what really hurts.

That's what being lonely
Truly feels like
It's the constant fight
To not be forgotten.
Above all when it comes
To the better times.

And trust me,
I'm trying to fight.
And yet, it always seems so easy
To just forget about me.
So please, tell me
What am I doing wrong?
What is wrong
With me?

Ghost

Sometimes I feel
That I am nothing more
Than just a ghost.
Floating about
Somewhere between here and there,
Not quite belonging anywhere.
Not quite alive,
Not quite dead,
And yet,
Somehow, I keep drifting
Through this world.
Trying to hold on
To the memories I make,
To the experiences I create,
But everything seems so fleeting,
I just can't seem to get a grasp,
Always struggling to keep a clasp
On my own consciousness.
Always dipping in and out
Of what we call reality.
Oftentimes just not aware
Of whom I am
And what and where.
So how am I supposed
To be in control of myself,
Of my life or anything else?
When after all
I'm just a ghost.

21 Lebensjahre

Und was hab´ ich gelernt?

Das Leben ist nicht fair.
Ich habe so viel Schmerz gespürt
In meinem Körper, in meiner Seele,
Habe bereits so viel Hass in mir geschürt.
Ich habe den Tod
Von der anderen Seite winken sehen.
Ich musste lernen zu verstehen,
Dass ich nicht immer helfen kann.
Ich habe Menschen gehen sehen.
Ich weiß, wie sehr der Mensch
Oft leiden muss.

Und doch
Ist das Leben lebenswert.
Ich habe gelernt,
Die Wärme in der Welt zu finden,
Die kleinen Momente aneinander zu binden.
Die verborgene Schönheit
In allem was ist zu erkennen,
Und mich selbst unter den Menschen,
Die mir wichtig sind, zu nennen.

Und ich weiß,
Ich will noch mehr
Sehen, lernen, fühlen, wissen.
Und ich weiß,
Es ist oft schwer.
Und doch will ich nicht mein Leben missen.